The Official Book of
WORDOKU

Sudoku Puzzles for Word Lovers

Frank Longo

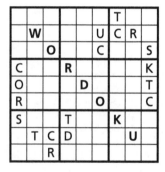

Sterling Publishing Co., Inc.
New York

2   4   6   8   10   9   7   5   3   1

Published by Sterling Publishing Co., Inc.
387 Park Avenue South, New York, NY 10016
© 2006 by Frank Longo
Distributed in Canada by Sterling Publishing
C/o Canadian Manda Group, 165 Dufferin Street
Toronto, Ontario, Canada M6K 3H6
Distributed in the United Kingdom by GMC Distribution Services
Castle Place, 166 High Street, Lewes, East Sussex, England BN7 1XU
Distributed in Australia by Capricorn Link (Australia) Pty. Ltd.
P.O. Box 704, Windsor, NSW 2756, Australia

Sterling ISBN-13: 978-1-4027-3763-3
ISBN-10: 1-4027-3763-7

For information about custom editions, special sales, premium and
corporate purchases, please contact Sterling Special Sales
Department at 800-805-5489 or specialsales@sterlingpub.com.

CONTENTS

INTRODUCTION

WHAT IS SUDOKU?

The subtitle of this book reveals that it consists of "sudoku puzzles for word lovers." In the unlikely event that you haven't yet heard of sudoku, this is a type of logic puzzle that in the past year or so has become very popular and is spreading like wildfire in magazines, books, and even tabloid newspapers. The appeal of sudoku lies in its simplicity coupled with its addictiveness.

The rules are very simple. You are given a 9×9 grid subdivided into nine smaller 3×3 sections or "boxes." At the start, you are given a few numbers in the grid. Your task is to place a number in each empty square so that all of the numbers from 1 to 9 appear in each row going across, each column going down, and each smaller 3×3 box. This is accomplished using logic only, so that the solver should never have to blindly guess. Each puzzle has a unique solution; that is, with the starting numbers given, there is only one possible solution that will work.

Here is an example of a typical sudoku puzzle and its solution:

9	3	5	4					
8			5					3
	1	6		8				5
					7			
		3	6		5	9		
			1					
2				5		4	7	
6					1			8
					2	5	1	9

9	3	5	4	7	6	8	2	1
8	7	2	5	1	9	6	4	3
4	1	6	2	8	3	7	9	5
5	2	9	8	3	7	1	6	4
1	4	3	6	2	5	9	8	7
7	6	8	1	9	4	3	5	2
2	9	1	3	5	8	4	7	6
6	5	7	9	4	1	2	3	8
3	8	4	7	6	2	5	1	9

WHAT IS WORDOKU?

Sudoku can be quite addictive. But being a crossword puzzle lover, I wanted to add an element of wordplay to the puzzle for variety. Wordoku is exactly the same as sudoku, except letters are used instead of numbers. This adds some spice to the mix, since every puzzle, while employing the same rules for solving, uses different letters.

Below each grid you are given nine different letters. These are the letters to be placed into the grid so that all nine letters appear in each row, each column, and each of the nine 3×3 boxes. Now, here's the fun part: when the puzzle is correctly solved, a nine-letter word will appear somewhere in the grid, either in one of the rows, one of the columns, or on the diagonal from the upper left to the lower right. Here is an example:

W	I	N	K					
U			N					I
	A	Q		U				N
					S			
		I	Q		N	W		
			A					
G				N		K	S	
Q					A			U
				G	N	A	W	

W	I	N	K	S	Q	U	G	A
U	S	G	N	A	W	Q	K	I
K	A	Q	G	U	I	S	W	N
N	G	W	U	I	S	A	Q	K
A	K	I	Q	G	N	W	U	S
S	Q	U	A	W	K	I	N	G
G	W	A	I	N	U	K	S	Q
Q	N	S	W	K	A	G	I	U
I	U	K	S	Q	G	N	A	W

U	K	G	N	A	W	S	I	Q

In the solution, the word SQUAWKING appears in the sixth row.

Note that the Wordoku puzzle above is the exact same puzzle as the sudoku puzzle at left, except that the numbers have been replaced by letters. All the 1's became A's, all the 2's became G's, etc. It is solved exactly the same, but with letters instead of numbers. When solving a sudoku puzzle, you are constantly saying to yourself "1 2 3 4 5 6 7 8 9" when looking for what numbers are missing. For this reason, we have placed the nine letters below the grid in an arrangement that's easy to remember, in this case "U.K. GNAWS I.Q." You will say those letters over and over to yourself while solving. As you are solving, you will eventually see a word being formed. Obviously, the knowledge that a nine-letter word must appear somewhere in the grid can be quite helpful in the solving process. Filling in the missing letters will give you a little more information than you would have had if the puzzle had just contained numbers. Because you get that extra info, the difficult puzzles in this book have been designed to be a bit harder than they would be in a typical tough sudoku book. But at no point is it necessary to identify the word in the grid to logically solve the puzzle. You could speak Serbo-Croatian only, without knowing a word of English, and still logically work your way through each puzzle (though you wouldn't be able to read this introduction). You should be warned that just because a word appears to be forming doesn't necessarily make it the correct word. A few traps have been put in the puzzles where near-misses of words are in the solutions. Logic should always trump assumption!

Puzzles 123 to 132 present an additional challenge: you are given only eight starting letters. The ninth letter is for you to figure out. The only way to determine this letter is to ultimately figure out what, and where, the spelled-out nine-letter word is. Hopefully this will foil those solvers who are particularly good at immediately spotting a nine-letter word from a set of jumbled letters! (Serbo-Croatian speakers will have to be content with solving the puzzle with a "?" as one of the letters.)

The puzzles in this book are arranged by increasing difficulty level, as follows:

1–10: Warmup
11–36: No Sweat
37–56: Leisurely
57–76: Middle of the Road
77–95: Uphill Climb
96–111: Ornery
112–122: Treacherous
123–132: Discover the Missing Letter
133–137: Big Wordoku

The harder puzzles may require some advanced logic steps and a bit more patience, but ultimately they can be conquered, as previously stated, without having to resort to flat-out guessing. Always bear in mind that every puzzle has a unique solution.

New to Volume 2 is the inclusion of Big Wordoku. These 12×12 puzzles, appearing at the end of the book, utilize 12-letter words instead of the usual 9's to give you even more of a challenge. The same simple solving rule applies: every row, column, and 4×3 mini-rectangle must contain all 12 letters with no repeats. No need to panic, though—I have made these fairly easy to crack despite their forbidding appearance.

Whether or not you are new to sudoku, I believe you will find these puzzles surprisingly refreshing and fun. I sincerely hope you have as much solving them as I did making them.

—Frank Longo

1

	L	E	T	S		G	O	
	I			O				
			L					I
L	S		O				T	H
T	O			S			I	L
G			T					
		K				S		
	T	K		G	E	L	H	

K	E	I	T	H	L	O	G	S

2

	S	H	R	I	E	K		
E				A				S
	R	S						
			J				R	K
	J						S	
H	I			R				
				J		A		
K			E					J
		S	H	R	I	E	K	

J	E	R	I	H	A	C	K	S

3

		R						
G	R	A	V	Y				
I	L	A			U			
	G				L	Y		
U				R				T
		R	Y				A	
			U		T		R	A
				I	Y	V	G	U
				R				

V A R Y G U I L T

4

		G	R	O	W	T	H	
			D				W	
		I				O		R
N	O			R				
			G		D			
			N				R	H
G		O				H		
	I				G			
	R	W	N	H	O	D		

T H I R D G O W N

8

5

			P					
N	P	S	G		R		B	
	R		N					
	S	G			D			
		B	R	I	D	E		
		E				P	I	
				N		S		
E		N		S	G	P	I	
			E					

B	E	N	D	G	R	I	P	S

6

I			N				T	
		H	I	T		M	E	
	M				H			
	S				A			
	E						M	
			M				D	
			S				H	
	D	E		A	I	S		
	I			M				E

D	E	A	N	S	M	I	T	H

7

C	R	A	Z	E				
U	H	Z						
						Z		
			N	E	C		A	
R			A		Z			S
H		C	S	U				
	C							
						A	S	N
				R	S	U	C	H

S	U	E	Z	R	A	N	C	H

8

R				Z	E	O	U	N
				R				
			U				Z	
		Z	A	N		D		
U		E				N		O
		A		U	O	Z		
	N				Z			
			P					
A	Z	U	R	E				D

E	Z	R	A	P	O	U	N	D

9

Z	O	D	I	A	C			
L				V	O	A		
			O	Z		I		
C								
	I					E		
								C
	E		V	I				
	V	L	A					I
			C	E	O	D	V	L

I L O V E D Z A C

10

	Y			I		A		
	U			Q		A	Y	
	T		Y			N		
		L		P		Y		
		Q	U	I	L	T		
		T		A		U		
	Q			A		U		
	N		P			T		
	A		I		P			

T A P N Y Q U I L

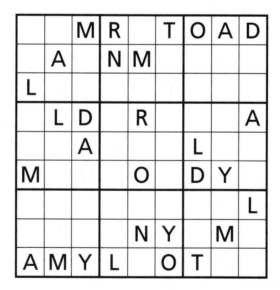

Grid 1 clue: T O R N F L A K E

Grid 2 clue: T O M L A N D R Y

	M	A	S	T	E	R		
	O							
			O	Y	E			
A			R		O	T		
		T				S		
		S	T		W			R
		Y	O	M				
							R	
		W	Y	E	S	M	O	

T O M S A W Y E R

N	O	T		B	A	D		
A						I		
	I			D				
C				N	D			
D								T
			A	I				U
				O			T	
		O						A
		U	B	A		C	N	O

I C A N D O U B T

L	U	T	E				A	
		B	L			M	U	N
		T					N	
	T	E						M
A								U
U						N	T	
	A				O			
	B	N			U	O		
	O				T	U	B	A

M A N U T E B O L

	N	U	E	X			L	
S		L	N					
N	E		X			L		
		S	O	N	I	C		
		X			L		I	U
					E	U		I
	I				L	X	O	E

L I N U X C E O S

Puzzle 17

S	A	Y						
			S	A	Y			
P						S	A	Y
R			M				C	S
		S				R		
M	Y				U			E
A	E	U						P
			U	P	A			
						C	U	A

S A U C Y P E R M

Puzzle 18

				B	R	E	A	K
					Y			I
		E	I		K	A		
Y	I							
	K						M	
							K	Y
			Y	R		A	E	
M			K					
B	R	E	A	M				

M I K E B R A D Y

P U B O N F I R E

O B E Y R A L P H

D	R	Y		L	A	W		
A								
			T				O	D
		A			T		L	
T				Y				O
	W		R			U		
W	Y				U			
								U
		L	Y	A		T	R	W

T R U D Y A W O L

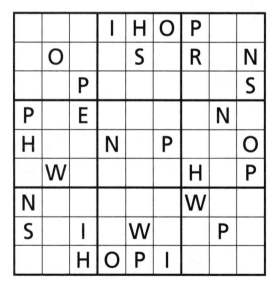

			I	H	O	P		
	O			S		R		N
		P						S
P		E					N	
H			N		P			O
	W					H		P
N						W		
S		I		W			P	
		H	O	P	I			

P R O W H I N E S

				B	R	O	I	L
	H	R	E					
			L			E		
N				I				
H	L						R	S
		B						I
	N			R				
				E	R	N		
R	O	B	I	N				

N I E L S B O H R

P	E	O	N	Y		A		
								T
	H				S	O		
T								
	A		P	N	O		E	
								N
		P	Y				T	
S								
		H		P	A	N	S	Y

H O N E S T P A Y

		S				U	G	H
			U	G	H		O	
U	G	H						
					E			S
		U	G		I	T		
T			R					
						H	S	T
	R			T	H	O		
H	E	T				R		

H	U	G	E	R	I	O	T	S

	Y	O	W	S	A			
	A		T		H			
	T				Y	W		
		T			R			
W		A		O				S
	S			R				
	R	W			H			
	S		E		R			
	T	R	A	Y	S			

H	A	Y	T	O	W	E	R	S

PICKSHREW

RUGBYDATE

	M			P	I	A	N	O
	N	L		A				U
					S			
				U	M	A		
		I	O	P				
		U						
S				N		I	U	
O	P	I	U	M			L	

P	A	U	L	S	I	M	O	N

			S	N	O	W		
S		N			W		R	O
	T							
T					I			N
		O		D		S		
D			O					I
							I	
W	I		M			R		T
		D	I	R	T			

T	R	I	M	S	D	O	W	N

V	R							
				E		I	N	
	G		A					E
U	V					R		
		G	R	A	V	E		
		R					V	I
A					U		G	
	Q	N		R				
							E	Q

G I V E Q U R A N

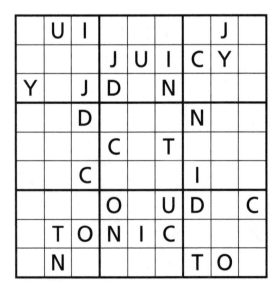

	U	I					J	
			J	U	I	C	Y	
Y		J	D		N			
		D				N		
			C		T			
		C				I		
			O		U	D		C
	T	O	N	I	C			
	N					T	O	

I N D U C T J O Y

B	E	G		S				
			B	U	G			S
			R			B	A	G
					S	K		
U								T
	A	T						
R	U	A			T			
G			S	R	U			
			K			U	R	B

R	U	G	B	A	S	K	E	T

A	I	M		F	O	R		
		E	V					
		O	T	I			E	
								O
		A	F		E	T		
F								
	M			R	F	V		
					V	E		
		V	I	E		F	O	R

F	R	A	T	M	O	V	I	E

		T	R	Y	I	N	G	
R		N			C			
			O					I
I								R
	Y	T		C	G			
T								C
G			T					
	U			Y				G
Y	O	G	U	R	T			

C	R	Y	I	N	G	O	U	T

C	I	N			E			
O							B	M
B	R	I	E				M	Y
		Y		M				
M	E				C	O	R	N
I	C							B
		O			I	Y	E	

C	R	I	B	M	O	N	E	Y

37

	F	U	N	T	I	M	E	
		M	A				I	
			M	L				
F						A		
E								F
		T						U
			L	A				
	M				F	E		
	E	F	I	U	M	T	A	

I AM FLUENT

38

	M	E	S	O	N			
	N			M				E
	I		E		N			
F		S						
	A						T	
						F		M
		M			S		A	
O				I			F	
			A	T	O	M	S	

MOE FAINTS

S	C	A	R	E				
			C		M	E		
	M					R		
H					S			E
		S				H		
E			T					R
		T					A	
		C	M		R			
				T	C	S	R	M

E	R	N	S	T	M	A	C	H

	U						R	
	S		D	R				
		Y	A			T		
I			S			A		
		S	T	U	D	Y		
		U			I			D
		T			B	D		
				D	A		U	
	I						B	

A	D	I	R	T	Y	B	U	S

		S			O			
			I		B	T		
E							A	
				S		N		B
	B						O	
I		A		E				
	N							L
		B	N		I			
			L			I		

| L | I | S | A | B | O | N | E | T |

	E		A		C	I		
A					S			
C					B	K	A	
	B						C	
		A	B	C	D	E		
	D						S	
	L	B	E					C
			C					E
		K	D		I		B	

| L | I | C | K | B | E | A | D | S |

4/3

T	O	M	S	S				
			N			I		
	H			T			N	O
				M				
Y	I			S			P	
		N			H			
					Y	T	O	S

S	P	I	N	Y	M	O	T	H

4/4

			E	P	O	H	I	J
						P		
		I		R				
					J		M	E
M		J				R		I
R	E		P					
				J		E		
	M							
P	R	O	T	E	M			

J	I	M	T	H	O	R	P	E

45

N	O		D	I	C	E		
A								D
	C	A						
				D	N			
	I		E			D		
	T	I						
				O		N		
E								C
		N	C	D	R		E	I

I D O N T C A R E

46

		M	G					I
		U	S		P			G
	P	I						
			G				I	U
		P	L	U	M	S		
U	N				D			
						I	L	
L			D		S	P		
D				L	I			

M I N D G U L P S

Puzzle 47

	N	U	T	M	E	G		
			J				N	M
	J			N		T	M	
T								S
	S	E		D			J	
J	U			S				
		T	J	E	N	D	S	

M U G T E N D J S

Puzzle 48

			L	E	R	O	Y	
			O					
						L	G	N
	R		E	G		I		
			I		N			
		O		R	Y		E	
E	G	Y						
					O			
	A	N	G	I	E			

G A R Y O N E I L

G					K	R		
I		A			L			
	L		M	I			G	
		I				M		
		G	R	A	I	L		
		O				S		
	G			S	A		L	
			I			G		R
		L	O					S

G	R	O	K	I	S	L	A	M

		I	O	N				
N	O							
T		A	V					
M	A	N	E	T			O	
	I			M	O	N	E	T
					N	T		R
						N	V	
				E	M	A		

I	A	M	N	O	T	R	E	V

	R	O	U	E	N			I
		N			A			
					L			R
O	C							
		A		I		C		
							N	U
N			L					
			R			U		
U			C	A	I	R	O	

L	E	N	C	A	R	I	O	U

S			P	O	W	E	R	
				L	E		O	W
W								
R		S		W				
				R		K		O
								E
E	W		S	P				
	L	O	W	E	R			P

P	O	K	E	R	L	A	W	S

53

			C	I			
	U					R	V
	L	I	V	E			
I				R		A	H
		A			I		
U	H			V			C
			H	I	V	E	
A		E				H	
			A	L			

I H A V E C U R L

54

T				S	R			
R	O	B	E			T		
							O	E
	Y					O		
		B		S				
		O					B	
E	B							
		Y			V	E	S	T
		R	E					I

B E S T I V O R Y

5-5

T	U	B	E					
		L			B			
E						U		K
S	T	E	A	K				
				F				
				U	E	L	T	S
B		S						L
			S			E		
					U	S	A	B

BULKFEAST

D	O	G	E	A	R			
		E					O	
							A	
	D		O			U		
	A	O		R		G	N	
		U			S		D	
	R							
	G					O		
			D	O	G	R	U	N

NOSEGUARD

34

				N		A		
U			H					
S	A	N	D	Y				
R				U		D		
	N						U	
		Y		O				R
				R	A	N	D	Y
				D				O
	R		S					

Y O U R H A N D S

			R	A	V	E	S	
					N	O		
		A		E	T			
	B	R						T
			R		O			
S						R	B	
		E		V		S		
	S	V						
R	A	N	T	S				

B A N V O T E R S

Puzzle 59

P	I	E	S		H			
			I				E	
F					A			
	P	G				S		
A				G				I
		H				P	A	
			R					E
	H				S			
			P		F	I	S	H

A F R E S H P I G

Puzzle 60

I	M		S	U	R	E		
	U				E			
	E							C
			E	O		R		
		M		C	T			
O							M	
			I				T	
		R	M	E	O		S	I

T O M C R U I S E

	F	R	E	S	H		
			F				
E		H		Y			
	Y						M
	I		M	R	S		Y
A						R	
			I		S		A
			E				
			H	A	Y	M	F

A M Y F I S H E R

	E	A	T	I	N	G		
			R	G			N	
					E			
		E			I	T		G
T		I	E			H		
			H					
	N			E	R			
		H	U	N	G	E	R	

T H E A I R G U N

	A	B						C
	I			S				T
	T	N	I					
	O							A
	B	A	C	O	N			
N					Y			
			Y	C	T			
C		S				B		
Y				B	C			

B	O	Y	A	N	T	I	C	S

			G			E		
		G	O	T		F	A	R
				F		G		
	G					T		
	R		T	L	W		F	
		T				O		
	L		R					
T	W	O		F	E	R		
		R			O			

F	O	R	G	E	T	L	A	W

65

				A		I		
			V	S		E	R	
		I						D
	D					I		
		S	A	T	Y	R		
		R					A	
V						Y		
	E	T		Y	V			
	Y		S					

S T R A Y D I V E

66

		A	I	L	B		C	
O								
			C				H	A
		H		I			O	
	O	I	L		C	A	N	
	B			A		L		
B	R				I			
								N
	I		H	O	L	R		

C H I N L A B O R

Puzzle 6/7:

	E	O			A	C		
I				V	O		M	
E	T	C	V					
B			E	T	C			O
			B		E	T	C	
O		V	I					A
	B	A			E		I	

VOCABTIME

Puzzle 6/8:

O				R	S			
Y			A				M	
				T				
R			C	A	M	U	S	
C		Y		S			R	
S	M	A	R	T				O
	S							
M			O				Y	
	O	U					A	

ARMYSCOUT

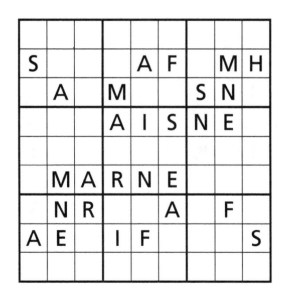

69

	D	E	I	T	Y			
				E			F	
	T				O	E		
	M			F		R		O
O		Y		I			M	
		D	M				I	
	F			Y				
			E	D	I	F	Y	

T O Y F I R M E D

70

S				A	F		M	H
	A		M			S	N	
			A	I	S	N	E	
	M	A	R	N	E			
	N	R			A		F	
A	E		I	F				S

I F A R M H E N S

41

7 / 1

			O	A	K			
I				R				A
		N				O	S	
							C	O
		A	C	O	R	N		
O	S							
	I	T				A		
S				K				I
			I	N	C			

K	I	T	C	A	R	S	O	N

7 / 2

	K			D		R		
	B	I	K	E	R	S		
R					M			E
							E	
B		K				M		I
	I							
S			B					R
		B	R	A	K	E	S	
		E		S			A	

B	I	D	M	A	K	E	R	S

M	E	A	T					
U				A	R			
					A	T		
						M	O	
		F	L	O	U	R		
T	R							
	F	E						
			O	L				M
					T	O	F	U

L E A F T U M O R

	S	T	E	P		I	N	
I			T		N			
				S		C		
P		S						
N			P		I			T
					P		N	
	O		N					
			O		P			I
	I	N		S	T	E	P	

H E S T O N P I C

		S						
	D	Y	S		N			
C	A	N	D	Y				
		O						
O	R	A		Y			N	C
		S						
			C	A	N	E	S	
		N		E	Y	D		
				R				

D R Y C A N O E S

			I				N
R						I	
S	A	I	N	T	E		
T			S		M		
M		P			T		S
		R	P				I
		P	R	I	E	S	T	A
	P						A
I			E				

S T R A P M E I N

S			Z	E	R	O		
		O	A		U			
T	Z							
			Q	R		A		
	Q					R		
	T		Z	O				
						Q	U	
	A		T		O			
	S	T	Q	U				R

Z E R O S Q U A T

H		I		A				S
	D			T	R	A	I	N
N					I	D		
	S			E			A	
		A	S					T
R	I	D	E	S			T	
A				N		I		E

H I T S A N E R D

T	E	D	I	U	M			
			E	T			D	
	I							
A		M						R
		R		I		D		
I						A		E
							U	
	A			E	U			
			X	R	A	T	E	D

I T A X E D R U M

V		I						
	N	E					R	
R				V	E	I	N	S
	V		E		S			
				N				
			I		A		H	
H	A	N	D	S				E
	R					D	V	
						S		N

H I R E D V A N S

	L			I	R	O	N	Y
I			Y			T		
		N				R		
N	B							
	A		L			I		
						Y		O
	R			N				
		A	B					N
B	I	N	A	O			T	

T	O	N	Y	B	L	A	I	R

					Y	M	C	A
		Y		C		O		
W			N					
	C		T		N			M
		W				C		
Y			O		C		I	
				W				O
		T		M		W		
A	W	I	C					

T	I	M	C	O	N	W	A	Y

				W	O	R	K	
	E		I					D
		D		R			I	
					N	O		
			O		B			
	R	K						
	B			W		D		
N					I		E	
D	K	R	E					

D I K B R O W N E

H	E	A	T			U		N
		N		S			A	
S								
		D		U	C			T
C			A	N		E		
								S
	N			A		H		
D		H			S	A	N	C

N U D E C H A T S

47

B	E	N		G	A	Y		
		S			N	B		
Y						A		
				B				E
			A		S			
O			G					
	O							A
		Y	B			M		
		G	N	A		O	Y	S

M A N G O E S B Y

	Z	E	U	S				O
		O		I			S	Z
		G						
	W							
		S	O		Z	U		
						N		
					O			
E	O			Z		I		
N				O	W	G	E	

S U Z I E W O N G

Puzzle 87 (9×9 grid):

	B	R	U	T	A	L		
	I			C				N
	C							
				L	U			R
	U						N	
T			A	B				
						R		
B				R			A	
		N	I	U	L	C	T	

T R A I N C L U B

Puzzle 88 (9×9 grid):

M	G	D	R		O	I		
	A			M			E	
O								
		L			R			A
			I		E			
A			O			D		
								I
	L			R			D	
		A	L		G	O	R	E

G O L D A M E I R

H	A	R	D		L			
L	I							
	D			I				
	P		I					N
	L		H		D		E	
I				R		D		
			D			N		
							R	D
			A		H	E	L	P

```
P  L  A  I  N  H  E  R  D
```

				T		D	W	
T				D		R		
U			R		A			O
D						O		
		W	O	R	D	S		
		U						D
O			S		T			R
		A		U				S
	U	S		O				

```
D  U  O  S  W  R  A  T  H
```

M	E	D	A	L			S	
		I		E		A		
		I						N
		N				E	A	
E	S			A				
S				D				
	A		E		T			
	M			S	T	A	N	D

I	M	S	L	A	N	T	E	D

	H			S		N		
				T	H	U	D	S
		S		N			W	
O		H						
D			S		U			O
						H		D
	W			O		D		
S	O	U	N	D				
		I		U			N	

S	O	U	T	H	W	I	N	D

S			R				D	
	B		Y					
		Y		S	H	R	U	B
A	Y					U	N	
	D	N					B	H
B	R	U	S	H		N		
					U		Y	
	H				A			U

H A R D Y B U N S

I				G	L			
	S	A	W				L	
				A				
			L		W	A	V	E
		E	A		I	L		
A	W	L	V		G			
				W				
	V				S	W	I	
			G	I				S

W I G R A V E L S

Puzzle 95

C	E	N	T					M
		I				G	N	
			E					
		A	E	M				
M			N		C			A
			T	A	C			
			A					
	M	E				R		
A					M	I	E	N

G E T I N M A R C

Puzzle 96

N			P					O
P		I			M			
		L		C				N
				L				I
		T	O	N	I	C		
O				P				
L				M		N		
			A			L		C
C					N			A

M A N I C P L O T

		E		L	R			C
	G	M		A			Y	L
R	A	N	G	Y				
L								M
			A	N	G	R		Y
A	E		Y		G		M	
M		L	A		E			

M Y C L A N G E R

			S	T	O	N	Y	
				H				C
			C			O		
A		H			C		P	
S								T
	O		N			S		H
		Y			S			
H				N				
	S	P	A	C	Y			

A C T S P H O N Y

Puzzle 99:

							E	S
D	I	S	C	O			T	
	S	U	I			C		
	D			S			U	
		E			U	S	N	
	U			D	I	T	S	E
I	O							

I C E D O N U T S

Puzzle 100:

			F	O	C	U	S	
O								
			T	E		F		
			B	U				
S								O
	A	S						
	S		F	B				
								A
T	F	B	O	C				

F A C E B O U T S

			G	R	O	A	N	
							E	G
	A					D		
		A	N	D				
S								A
			S	A	R			
		I					O	
R	E							
	N	D	I	E	R			

O	R	G	A	N	I	S	E	D

G	L	U	E	D				
		I	G		T	D		
		T					O	
	G		O	T				U
O				I	E		N	
	U					N		
		G	T		N	U		
				O	U	L	G	I

G	L	U	E	D	I	T	O	N

103

		J	A	S	O	N		
	A				B	J	O	
N	O							
		B	O	A	J	M		
							B	I
	B	O	M				A	
	M	J	O	S	B			

J I M N A B O R S

104

M	I	C	E					
		C	L		R			
					C		N	
	M	U		C				
		N			A			
			A		E	U		
L		M						
		I		N	A			
				L	I	C	E	

R U I N C A M E L

105

	B	R	A	I	N			
		A			U			R
	N			B				
		B				U		N
R				U				I
A		N				L		
				N			C	
N				I		R		
			C	A	B	N	O	

C A N R U B O I L

106

		D	R	U	N	K		
							N	R
	R				O			
		E			C			
O	K						M	U
			O			C		
			D				O	
R	C							
		O	K	R	E	N		

R O D M C K U E N

I	M		H	U	R	T		
	U						A	
	R		M					
			R	P				
		L				M		
			H	T				
			L				P	
	L						U	
		H	A	R	U		M	I

H A R M T U L I P

		D	O		T	I	M	E
						D		
			I	E				A
	G				O			T
O								I
D			E				A	
T				Z	E			
		O						
I	E	M	G		A	T		

D O G M A T I Z E

109

	R		C	H		S	
K	S				P		R
					L		
L		S	H	R	E	K		I
		K					
R			I			E	L
	P			S	C	R	

R	I	C	K	H	E	L	P	S

110

	A	R		C		I	
E		S	I	R			A
						E	
			E	D	G	A	R
D	E	G	A	S			
	G						
S			A	H	D		C
	R		D		I	G	

C	I	G	A	R	S	H	E	D

Puzzle 1 1 1

		A		U				
	U	R						W
				C	T	A		
C				S				
		W	A	C	K	S		
		E					R	
	W	E	S					
T					A	W		
				K	A			

W E A K C R U S T

Puzzle 1 1 2

		W	I	N	D			
S		N			R			
		D	W					N
						I	B	T
N	B	T						
I					N	S		
			T			D		R
			R	A	I	N		

T W I N B A R D S

Puzzle 113

		I						
	S				P	M	O	
	P		R	M		I	S	
A				M				
	P	A	I	N	S			
	O							I
I	Y		S	O		P		
P	O	S				A		
				O				

S	P	Y	O	N	I	R	M	A

Puzzle 114

			Y	M	S	O	I	E
					O		L	
Y			L			P		
O						E		
T			O		P			S
		L						O
		O			Y			P
	Y		I					
S	I	M	P	L	E			

E	M	I	L	Y	P	O	S	T

Puzzle 115 — 9×9 grid:

			P	I	R	A	T	E
						O		
P			E					
		P						Y
R			X		Y			P
T						I		
			Y					T
	R							
A	E	Y	O	T	I			

P A Y O R E X I T

Puzzle 116 — 9×9 grid:

B	A	K	E	R	Y			
				A			E	
Y					S			
	K			S		A		
O								D
		A		D			K	
			B					S
	D			Y				
			R	K	D	E	A	Y

R O Y B A S K E D

117

			C		A			
			E		S		H	T
L							M	E
					H	S		
		S	M	I	L	E		
	C	L						
S	E							A
C	T		A		E			
		M			I			

T	H	I	S	C	A	M	E	L

118

			M	I	S	L	E	D
	I	L				M		
		E	U	S			M	
	U			F			D	
	M			E	A	S		
		M				A	L	
A	L	S	E	M	I			

S	U	M	F	A	I	L	E	D

119

	A	I						
R				W		D		
	E	S		D	M			
							R	S
	W	E	I	R	D			
H	R							
		I	R		S	W		
	M		D					R
				M	I			

I A M S H R E W D

120

		T	R	Y				O
			S		T	R	Y	
	T							
	N	R	D	E				
	R						T	
		Y	T	N	M			
					O			
E	N	D		Y				
S			D	N	T			

T O M S N Y D E R

1 2 1

M		O		N	Y		T
E					N	Y	D
		A				O	
			E	N	Y		
		H	Y	O			
	O				A		
N	T	M					Y
Y			T	M		E	N

| T | O | M | H | A | Y | D | E | N |

1 2 2

C			E		N		D
		E	Y				
				I		A	T
			N				T
		D	I	C	E	Y	
N					Y		
	S	T		A			
					D	C	
D		C		S			Y

| I | N | S | E | C | T | D | A | Y |

Grid 1

	I	L	O	V	E		
		L			M	E	
						O	
		A			O		
	V	A		I		D	L
		O		M			
M							
L	V			D			
		E	L	V	A	M	

A M I L O V E D ?

Grid 2

			M	A	R	S	H
	R	O					
	H			L		T	
			R			H	A
			T				
	L	R			S		
		S		H			L
						O	R
O	T	L	A	R			

M O R T S A H L ?

Puzzle 1 (1 / 2 / 5)

	R						
				E	P		T
	Y	T	I	L			
		E	Y		A	T	
L							A
		P	T		L	I	
				I	Y	R	E
R		A	E				
						P	

P	A	T	R	I	L	E	Y	?

Puzzle 2 (1 / 2 / 6)

S	I	C	L	E	A		N
					C	L	E
			N				C
	C	N				S	A
M				S			
	U	E	N				
	A		M	U	S	C	L	E

U	N	C	L	E	S	A	M	?

U				N	S			E
S	O						U	N
			I	O			L	
	E							I
	Y			L			S	
I							N	
	I			E	O			
Y	S						O	U
O			Y	U				S

L	O	U	I	S	N	Y	E	?

							O	L
					E	S		
	A	N		S				I
L	E			S				
			O		I			
			N				L	A
S				N		O	C	
		I	E					
C	O							

C	A	N	I	L	O	S	E	?

O					A		R	
			R			T		
T					E		I	O
		E					C	
A			O		C			I
	I					S		
I	O		S					C
		C			R			
	S		A					T

I S A R T C E O ?

		P		C				
I		T						S
		K	U		E			
	I				S			P
		S	T	U	C	K		
K			E				T	
			P		U	T		
S						E		K
				S		P		

S P I K E C U T ?

1 3 1

M	E	T	S				
	C	Y		N			E
		E		C			
			A			S	
		M		Y		E	
	N				S		
			Y		M		
C				S		N	M
				N	A	T	S

S	Y	M	A	N	T	E	C	?

1 3 2

			N	F	T	U	W
						I	
W					U		T
		S	T			A	
		T	W	I	N	S	
	U			S	W		
A			F				W
		W					
	I	F	U	S	W		

W	A	S	I	T	F	U	N	?

I		A	M		W	R	O	N	G	
S		G	H					U		
		N	R		M				A	
			A		O	G		W	N	
				U					O	
R	W			A	I	M				
				G	U	N			W	H
	R				W					
	M	W		I	H		G			
	I				H		E	N		
		H				U	S			W
		S	W	O	R	N		A	M		I

| S | H | O | W | G | E | R | A | N | I | U | M |

	I	D	E	A		B	O	X			
M				U					S	I	
	T								D	O	U
X	D		O				E			M	
	B					A		I			X
S				X	T	R	U		B		
		E		R	A	O	M				I
A			I		E					U	
	O			I			M			E	A
O	S	M								X	
	A	X					I				O
			B	O	X		S	E	A	T	

S T A D I U M B O X E R

	P				A	V				Y	
	N	Y					T	P		R	
V				P	R	L			S		
					F	A	U	L	T	Y	
		V				N			P		S
A				Y			F			N	E
L	V		P			S					U
R		U			N			F			
S	A	F	E	T	Y						
		S			T	A	P				F
	R		V	N					T	U	
	T				U	E			P		

V	E	N	U	S	F	L	Y	T	R	A	P

D	E	S	K		C	H	A	I	R		
	H		L	T	K		E	C			
N			T		S					L	
					A				E		
E			R			L	H				A
A	L					C					
			E							K	D
T			D	A			K				E
	R			I							
	I				S		N				K
		S	N		K	T	L			I	
		C	H	I	L	D		S	E	A	T

L	A	R	D	T	H	I	C	K	E	N	S

				O	L	D		H	A	T
T					N	A			D	W
	O	A				N		R		
	T	L			H	I		O		E
	W		R			E		L		
		N					W		F	H
N	L		I				A			
		D		T			F		H	
H		A		R	F			N	L	
	A		E				L	R		
I	N		W	E						A
L	O	W		F	A	T				

T	H	E	F	I	N	A	L	W	O	R	D

1

H	L	E	T	S	I	G	O	K
K	I	S	G	E	O	H	L	T
O	G	T	H	L	K	S	E	I
L	S	I	O	K	G	E	T	H
E	K	H	L	I	T	O	G	S
T	O	G	E	H	S	K	I	L
G	H	O	S	T	L	I	K	E
I	E	L	K	O	H	T	S	G
S	T	K	I	G	E	L	H	O

2

C	S	H	R	I	E	K	J	A
E	K	I	C	J	A	R	H	S
A	R	J	S	K	H	C	E	I
S	E	A	J	H	C	I	R	K
R	J	C	I	E	K	A	S	H
H	I	K	A	S	R	J	C	E
I	H	E	K	C	J	S	A	R
K	C	R	E	A	S	H	I	J
J	A	S	H	R	I	E	K	C

3

T	Y	U	R	L	G	A	I	V
G	R	A	V	Y	I	T	U	L
I	L	V	A	T	U	R	Y	G
A	G	I	T	U	L	Y	V	R
U	V	Y	I	R	A	G	L	T
L	T	R	Y	G	V	U	A	I
Y	I	G	U	V	T	L	R	A
R	A	T	L	I	Y	V	G	U
V	U	L	G	A	R	I	T	Y

4

D	N	G	R	O	W	T	H	I
O	H	R	D	T	I	G	W	N
W	T	I	H	G	N	O	D	R
N	O	T	W	R	H	I	G	D
R	W	H	G	I	D	N	T	O
I	G	D	O	N	T	W	R	H
G	D	O	I	W	R	H	N	T
H	I	N	T	D	G	R	O	W
T	R	W	N	H	O	D	I	G

5

B	E	D	S	P	R	I	N	G
N	P	S	G	D	I	R	E	B
G	R	I	N	B	E	S	D	P
I	S	G	E	N	P	D	B	R
P	N	B	R	I	D	E	G	S
R	D	E	B	S	G	P	I	N
D	I	R	P	G	N	B	S	E
E	B	N	D	R	S	G	P	I
S	G	P	I	E	B	N	R	D

6

I	A	S	N	M	E	D	T	H
D	N	H	I	T	S	M	E	A
E	M	T	A	D	H	N	S	I
M	S	D	E	N	A	H	I	T
T	E	I	H	S	D	A	M	N
N	H	A	M	I	T	E	D	S
A	T	M	S	E	N	I	H	D
H	D	E	T	A	I	S	N	M
S	I	N	D	H	M	T	A	E

7

C	R	A	Z	E	N	S	H	U
U	H	Z	R	S	C	N	A	E
N	E	S	U	H	A	R	Z	C
Z	S	U	H	N	E	C	R	A
R	N	E	A	C	Z	H	U	S
H	A	C	S	U	R	E	N	Z
S	C	H	N	A	U	Z	E	R
E	U	R	C	Z	H	A	S	N
A	Z	N	E	R	S	U	C	H

8

R	A	P	D	Z	E	O	U	N
Z	U	O	N	P	R	E	D	A
D	E	N	U	O	A	R	Z	P
O	R	Z	A	N	P	D	E	U
U	P	E	Z	R	D	N	A	O
N	D	A	E	U	O	Z	P	R
P	N	D	O	A	Z	U	R	E
E	O	R	P	D	U	A	N	Z
A	Z	U	R	E	N	P	O	D

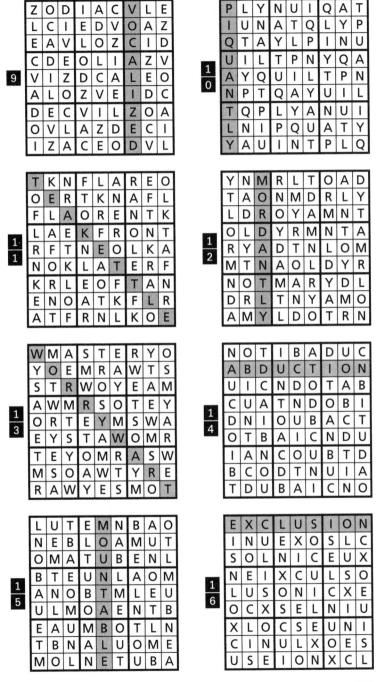

9

Z	O	D	I	A	C	V	L	E
L	C	I	E	D	V	O	A	Z
E	A	V	L	O	Z	C	I	D
C	D	E	O	L	I	A	Z	V
V	I	Z	D	C	A	L	E	O
A	L	O	Z	V	E	I	D	C
D	E	C	V	I	L	Z	O	A
O	V	L	A	Z	D	E	C	I
I	Z	A	C	E	O	D	V	L

10

P	L	Y	N	U	I	Q	A	T
I	U	N	A	T	Q	L	Y	P
Q	T	A	Y	L	P	I	N	U
U	I	L	T	P	N	Y	Q	A
A	Y	Q	U	I	L	T	P	N
N	P	T	Q	A	Y	U	I	L
T	Q	P	L	Y	A	N	U	I
L	N	I	P	Q	U	A	T	Y
Y	A	U	I	N	T	P	L	Q

11

T	K	N	F	L	A	R	E	O
O	E	R	T	K	N	A	F	L
F	L	A	O	R	E	N	T	K
L	A	E	K	F	R	O	N	T
R	F	T	N	E	O	L	K	A
N	O	K	L	A	T	E	R	F
K	R	L	E	O	F	T	A	N
E	N	O	A	T	K	F	L	R
A	T	F	R	N	L	K	O	E

12

Y	N	M	R	L	T	O	A	D
T	A	O	N	M	D	R	L	Y
L	D	R	O	Y	A	M	N	T
O	L	D	Y	R	M	N	T	A
R	Y	A	D	T	N	L	O	M
M	T	N	A	O	L	D	Y	R
N	O	T	M	A	R	Y	D	L
D	R	L	T	N	Y	A	M	O
A	M	Y	L	D	O	T	R	N

13

W	M	A	S	T	E	R	Y	O
Y	O	E	M	R	A	W	T	S
S	T	R	W	O	Y	E	A	M
A	W	M	R	S	O	T	E	Y
O	R	T	E	Y	M	S	W	A
E	Y	S	T	A	W	O	M	R
T	E	Y	O	M	R	A	S	W
M	S	O	A	W	T	Y	R	E
R	A	W	Y	E	S	M	O	T

14

N	O	T	I	B	A	D	U	C
A	B	D	U	C	T	I	O	N
U	I	C	N	D	O	T	A	B
C	U	A	T	N	D	O	B	I
D	N	I	O	U	B	A	C	T
O	T	B	A	I	C	N	D	U
I	A	N	C	O	U	B	T	D
B	C	O	D	T	N	U	I	A
T	D	U	B	A	I	C	N	O

15

L	U	T	E	M	N	B	A	O
N	E	B	L	O	A	M	U	T
O	M	A	T	U	B	E	N	L
B	T	E	U	N	L	A	O	M
A	N	O	B	T	M	L	E	U
U	L	M	O	A	E	N	T	B
E	A	U	M	B	O	T	L	N
T	B	N	A	L	U	O	M	E
M	O	L	N	E	T	U	B	A

16

E	X	C	L	U	S	I	O	N
I	N	U	E	X	O	S	L	C
S	O	L	N	I	C	E	U	X
N	E	I	X	C	U	L	S	O
L	U	S	O	N	I	C	X	E
O	C	X	S	E	L	N	I	U
X	L	O	C	S	E	U	N	I
C	I	N	U	L	X	O	E	S
U	S	E	I	O	N	X	C	L

79

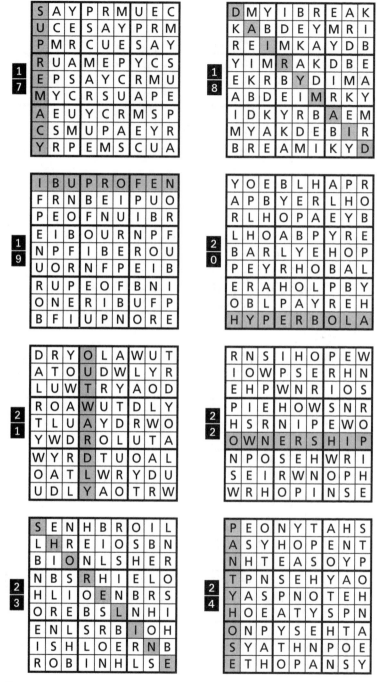

1 7

S	A	Y	P	R	M	U	E	C
U	C	E	S	A	Y	P	R	M
P	M	R	C	U	E	S	A	Y
R	U	A	M	E	P	Y	C	S
E	P	S	A	Y	C	R	M	U
M	Y	C	R	S	U	A	P	E
A	E	U	Y	C	R	M	S	P
C	S	M	U	P	A	E	Y	R
Y	R	P	E	M	S	C	U	A

1 8

D	M	Y	I	B	R	E	A	K
K	A	B	D	E	Y	M	R	I
R	E	I	M	K	A	Y	D	B
Y	I	M	R	A	K	D	B	E
E	K	R	B	Y	D	I	M	A
A	B	D	E	I	M	R	K	Y
I	D	K	Y	R	B	A	E	M
M	Y	A	K	D	E	B	I	R
B	R	E	A	M	I	K	Y	D

1 9

I	B	U	P	R	O	F	E	N
F	R	N	B	E	I	P	U	O
P	E	O	F	N	U	I	B	R
E	I	B	O	U	R	N	P	F
N	P	F	I	B	E	R	O	U
U	O	R	N	F	P	E	I	B
R	U	P	E	O	F	B	N	I
O	N	E	R	I	B	U	F	P
B	F	I	U	P	N	O	R	E

2 0

Y	O	E	B	L	H	A	P	R
A	P	B	Y	E	R	L	H	O
R	L	H	O	P	A	E	Y	B
L	H	O	A	B	P	Y	R	E
B	A	R	L	Y	E	H	O	P
P	E	Y	R	H	O	B	A	L
E	R	A	H	O	L	P	B	Y
O	B	L	P	A	Y	R	E	H
H	Y	P	E	R	B	O	L	A

2 1

D	R	Y	O	L	A	W	U	T
A	T	O	U	D	W	L	Y	R
L	U	W	T	R	Y	A	O	D
R	O	A	W	U	T	D	L	Y
T	L	U	A	Y	D	R	W	O
Y	W	D	R	O	L	U	T	A
W	Y	R	D	T	U	O	A	L
O	A	T	L	W	R	Y	D	U
U	D	L	Y	A	O	T	R	W

2 2

R	N	S	I	H	O	P	E	W
I	O	W	P	S	E	R	H	N
E	H	P	W	N	R	I	O	S
P	I	E	H	O	W	S	N	R
H	S	R	N	I	P	E	W	O
O	W	N	E	R	S	H	I	P
N	P	O	S	E	H	W	R	I
S	E	I	R	W	N	O	P	H
W	R	H	O	P	I	N	S	E

2 3

S	E	N	H	B	R	O	I	L
L	H	R	E	I	O	S	B	N
B	I	O	N	L	S	H	E	R
N	B	S	R	H	I	E	L	O
H	L	I	O	E	N	B	R	S
O	R	E	B	S	L	N	H	I
E	N	L	S	R	B	I	O	H
I	S	H	L	O	E	R	N	B
R	O	B	I	N	H	L	S	E

2 4

P	E	O	N	Y	T	A	H	S
A	S	Y	H	O	P	E	N	T
N	H	T	E	A	S	O	Y	P
T	P	N	S	E	H	Y	A	O
Y	A	S	P	N	O	T	E	H
H	O	E	A	T	Y	S	P	N
O	N	P	Y	S	E	H	T	A
S	Y	A	T	H	N	P	O	E
E	T	H	O	P	A	N	S	Y

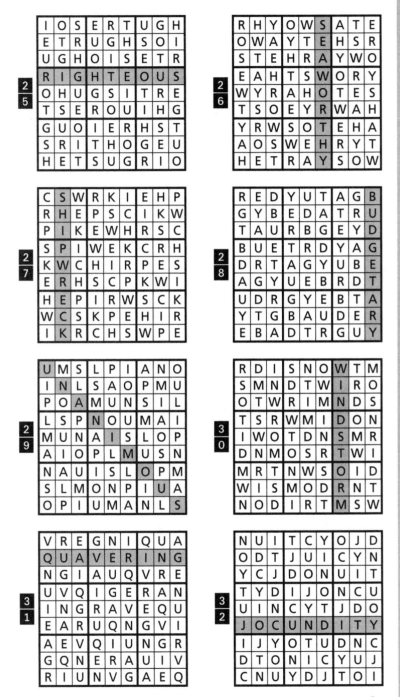

33

B	E	G	A	S	K	T	U	R
A	T	R	B	U	G	K	E	S
S	K	U	R	T	E	B	A	G
E	G	B	T	A	R	S	K	U
U	R	S	K	E	B	A	G	T
K	A	T	U	G	S	R	B	E
R	U	A	E	B	T	G	S	K
G	B	K	S	R	U	E	T	A
T	S	E	G	K	A	U	R	B

34

A	I	M	E	F	O	R	T	V
R	T	E	V	M	A	O	I	F
V	F	O	T	I	R	M	E	A
M	E	T	R	V	I	A	F	O
I	V	A	F	O	E	T	R	M
F	O	R	M	A	T	I	V	E
E	M	I	O	R	F	V	A	T
O	R	F	A	T	V	E	M	I
T	A	V	I	E	M	F	O	R

35

U	C	T	R	Y	I	N	G	O
R	O	I	N	G	U	C	Y	T
Y	N	G	C	O	T	R	U	I
I	G	C	U	N	O	Y	T	R
O	R	Y	T	I	C	G	N	U
T	U	N	Y	R	G	I	O	C
G	I	R	O	T	N	U	C	Y
N	T	U	I	C	Y	O	R	G
C	Y	O	G	U	R	T	I	N

36

E	M	B	R	Y	O	N	I	C
C	I	N	B	M	E	Y	O	R
O	Y	R	C	N	I	E	B	M
B	R	I	E	O	N	C	M	Y
N	O	C	Y	R	M	B	E	I
M	E	Y	I	B	C	O	R	N
I	C	O	M	E	Y	R	N	B
R	N	M	O	C	B	I	Y	E
Y	B	E	N	I	R	M	C	O

37

A	F	U	N	T	I	M	E	L
N	L	M	A	E	U	F	I	T
I	T	E	F	M	L	N	U	A
F	U	L	M	I	N	A	T	E
E	A	N	U	L	T	I	M	F
M	I	T	E	F	A	L	N	U
T	N	I	L	A	E	U	F	M
U	M	A	T	N	F	E	L	I
L	E	F	I	U	M	T	A	N

38

A	M	E	S	O	N	T	I	F
S	N	F	T	M	I	A	O	E
T	I	O	E	A	F	N	M	S
F	O	S	M	N	T	I	E	A
M	A	N	I	F	E	S	T	O
I	E	T	O	S	A	F	N	M
N	T	M	F	E	S	O	A	I
O	S	A	N	I	M	E	F	T
E	F	I	A	T	O	M	S	N

39

S	C	A	R	E	T	M	H	N
R	H	N	C	S	M	E	T	A
T	M	E	H	N	A	R	C	S
H	T	R	A	M	S	C	N	E
C	A	S	E	R	N	H	M	T
E	N	M	T	C	H	A	S	R
M	R	T	S	H	E	N	A	C
N	S	C	M	A	R	T	E	H
A	E	H	N	T	C	S	R	M

40

T	U	D	B	Y	S	I	R	A
A	S	I	D	R	T	U	Y	B
R	B	Y	A	I	U	T	D	S
I	D	R	S	B	Y	A	T	U
B	A	S	T	U	D	Y	I	R
Y	T	U	R	A	I	B	S	D
U	R	T	Y	S	B	D	A	I
S	Y	B	I	D	A	R	U	T
D	I	A	U	T	R	S	B	Y

41

B	T	S	E	A	O	L	N	I
N	A	O	I	L	B	T	E	S
E	I	L	S	N	T	B	A	O
T	L	E	O	S	A	N	I	B
S	B	N	T	I	L	A	O	E
I	O	A	B	E	N	S	L	T
O	N	I	A	B	S	E	T	L
L	E	B	N	T	I	O	S	A
A	S	T	L	O	E	I	B	N

42

B	E	L	A	K	C	I	D	S
A	K	I	L	D	S	C	E	B
C	S	D	I	E	B	K	A	L
K	B	E	S	I	L	A	C	D
S	I	A	B	C	D	E	L	K
L	D	C	K	A	E	B	S	I
I	L	B	E	S	A	D	K	C
D	A	S	C	B	K	L	I	E
E	C	K	D	L	I	S	B	A

43

N	S	I	P	Y	M	O	T	H
T	O	M	S	H	I	N	Y	P
H	Y	P	N	O	T	I	S	M
M	H	S	I	T	P	Y	N	O
P	N	T	Y	M	O	S	H	I
Y	I	O	H	S	N	M	P	T
S	T	N	O	I	H	P	M	Y
I	P	H	M	N	Y	T	O	S
O	M	Y	T	P	S	H	I	N

44

T	M	R	E	P	O	H	I	J
J	H	E	M	I	T	P	O	R
O	P	I	J	R	H	M	E	T
H	I	P	R	O	J	T	M	E
M	O	J	H	T	E	R	P	I
R	E	T	P	M	I	J	H	O
I	T	H	O	J	P	E	R	M
E	J	M	I	H	R	O	T	P
P	R	O	T	E	M	I	J	H

45

N	O	R	D	I	C	E	T	A
A	T	E	O	R	N	I	C	D
I	C	D	A	T	E	R	O	N
O	E	A	R	C	D	N	I	T
R	I	C	N	E	T	A	D	O
D	N	T	I	O	A	C	R	E
C	D	I	E	A	O	T	N	R
E	R	O	T	N	I	D	A	C
T	A	N	C	D	R	O	E	I

46

N	D	S	M	G	L	U	P	I
M	L	U	S	I	P	D	N	G
G	P	I	N	D	U	M	S	L
S	M	D	G	P	N	L	I	U
I	G	P	L	U	M	S	D	N
U	N	L	I	S	D	G	M	P
P	S	N	U	M	G	I	L	D
L	I	G	D	N	S	P	U	M
D	U	M	P	L	I	N	G	S

47

E	M	J	N	G	D	S	U	T
S	N	U	T	M	E	G	D	J
G	T	D	S	J	U	E	N	M
U	J	G	E	N	S	T	M	D
T	D	M	G	U	J	N	E	S
N	S	E	M	D	T	U	J	G
J	U	N	D	S	G	M	T	E
M	G	T	J	E	N	D	S	U
D	E	S	U	T	M	J	G	N

48

G	N	I	L	E	R	O	Y	A
A	Y	L	O	N	G	R	I	E
R	O	E	Y	A	I	L	G	N
Y	R	A	E	G	L	I	N	O
L	E	G	I	O	N	A	R	Y
N	I	O	A	R	Y	G	E	L
E	G	Y	R	L	A	N	O	I
I	L	R	N	Y	O	E	A	G
O	A	N	G	I	E	Y	L	R

49

G	S	M	A	O	K	R	I	L
I	O	A	G	R	L	K	S	M
R	L	K	M	I	S	O	G	A
L	R	I	S	K	O	M	A	G
S	M	G	R	A	I	L	O	K
A	K	O	L	M	G	S	R	I
M	G	R	K	S	A	I	L	O
O	A	S	I	L	M	G	K	R
K	I	L	O	G	R	A	M	S

50

E	V	I	O	N	R	M	T	A
N	O	R	M	A	T	I	V	E
T	M	A	V	I	E	O	R	N
M	A	N	E	T	V	R	O	I
O	T	E	N	R	I	V	A	M
R	I	V	A	M	O	N	E	T
A	E	O	I	V	N	T	M	R
I	R	M	T	O	A	E	N	V
V	N	T	R	E	M	A	I	O

51

C	R	O	U	E	N	A	L	I
E	L	N	I	R	A	O	U	C
A	U	I	O	C	L	N	E	R
O	C	U	N	L	R	E	I	A
L	N	A	E	I	U	C	R	O
R	I	E	A	O	C	L	N	U
N	A	R	L	U	O	I	C	E
I	O	C	R	N	E	U	A	L
U	E	L	C	A	I	R	O	N

52

S	K	L	P	O	W	E	R	A
A	R	P	K	L	E	S	O	W
W	O	E	R	S	A	L	P	K
R	A	S	O	W	K	P	E	L
O	E	K	L	A	P	R	W	S
L	P	W	E	R	S	K	A	O
P	S	R	A	K	O	W	L	E
E	W	A	S	P	L	O	K	R
K	L	O	W	E	R	A	S	P

53

V	A	R	C	I	U	H	L	E
E	U	C	A	L	H	R	I	V
H	L	I	V	E	R	A	C	U
I	E	V	L	R	C	U	A	H
C	R	A	H	U	E	I	V	L
U	H	L	I	V	A	E	R	C
L	C	U	R	H	I	V	E	A
A	I	E	U	C	V	L	H	R
R	V	H	E	A	L	C	U	I

54

T	I	E	O	S	R	Y	V	B
R	O	B	E	V	Y	T	I	S
Y	S	V	T	I	B	R	O	E
B	Y	S	V	T	I	O	E	R
V	E	R	B	O	S	I	T	Y
I	T	O	Y	R	E	S	B	V
E	B	I	S	Y	T	V	R	O
O	R	Y	I	B	V	E	S	T
S	V	T	R	E	O	B	Y	I

55

T	U	B	E	S	K	A	L	F
F	K	L	U	A	B	T	S	E
E	S	A	L	T	F	U	B	K
S	T	E	A	K	L	B	F	U
L	B	U	T	F	S	K	E	A
A	F	K	B	U	E	L	T	S
B	A	S	K	E	T	F	U	L
U	L	F	S	B	A	E	K	T
K	E	T	F	L	U	S	A	B

56

D	O	G	E	A	R	N	S	U
A	S	E	N	G	U	D	O	R
N	U	R	S	D	O	E	A	G
G	D	S	O	N	A	U	R	E
E	A	O	U	R	D	G	N	S
R	N	U	G	E	S	A	D	O
O	R	N	A	U	E	S	G	D
U	G	D	R	S	N	O	E	A
S	E	A	D	O	G	R	U	N

84

57

Y	H	O	R	S	N	U	A	D
U	D	R	H	A	O	Y	S	N
S	A	N	D	Y	U	R	O	H
R	O	S	N	U	H	D	Y	A
A	N	H	Y	D	R	O	U	S
D	U	Y	A	O	S	H	N	R
H	S	U	O	R	A	N	D	Y
N	Y	A	U	H	D	S	R	O
O	R	D	S	N	Y	A	H	U

58

N	T	B	O	R	A	V	E	S
E	R	S	B	T	V	N	O	A
O	V	A	S	E	N	T	R	B
V	B	R	E	N	S	O	A	T
A	N	T	R	B	O	E	S	V
S	E	O	V	A	T	R	B	N
T	O	E	A	V	B	S	N	R
B	S	V	N	O	R	A	T	E
R	A	N	T	S	E	B	V	O

59

P	I	E	S	R	H	G	F	A
H	A	S	I	F	G	R	E	P
F	G	R	E	P	A	H	I	S
R	P	G	A	I	E	S	H	F
A	S	F	H	G	P	E	R	I
I	E	H	F	S	R	P	A	G
S	F	P	R	H	I	A	G	E
E	H	I	G	A	S	F	P	R
G	R	A	P	E	F	I	S	H

60

I	M	C	S	U	R	E	O	T
T	U	O	C	M	E	I	R	S
R	E	S	O	T	I	M	U	C
S	I	T	E	O	M	R	C	U
C	O	U	R	I	S	T	E	M
E	R	M	U	C	T	S	I	O
O	S	I	T	R	C	U	M	E
M	C	E	I	S	U	O	T	R
U	T	R	M	E	O	C	S	I

61

M	F	R	E	S	H	I	A	Y
Y	A	I	F	M	R	E	S	H
E	S	H	I	Y	A	R	M	F
R	Y	S	A	E	F	H	I	M
H	I	F	M	R	S	A	Y	E
A	E	M	Y	H	I	F	R	S
F	H	Y	R	I	M	S	E	A
I	M	A	S	F	E	Y	H	R
S	R	E	H	A	Y	M	F	I

62

R	E	A	T	I	N	G	H	U
U	I	T	R	G	H	A	N	E
G	H	N	A	U	E	R	I	T
H	R	E	N	A	I	T	U	G
N	A	U	G	H	T	I	E	R
T	G	I	E	R	U	H	A	N
E	U	R	H	T	A	N	G	I
A	N	G	I	E	R	U	T	H
I	T	H	U	N	G	E	R	A

63

O	N	A	B	T	Y	S	I	C
B	I	Y	C	O	S	A	N	T
S	C	T	N	I	A	B	Y	O
T	S	O	Y	B	N	I	C	A
I	Y	B	A	C	O	N	T	S
N	A	C	I	S	T	Y	O	B
A	B	I	O	Y	C	T	S	N
C	T	N	S	A	I	O	B	Y
Y	O	S	T	N	B	C	A	I

64

F	O	L	G	A	R	E	W	T
W	E	G	O	T	L	F	A	R
R	T	A	W	E	F	O	G	L
L	G	W	F	O	A	T	R	E
O	R	E	T	L	W	G	F	A
A	F	T	E	R	G	L	O	W
G	L	F	R	W	T	A	E	O
T	W	O	A	F	E	R	L	G
E	A	R	L	G	O	W	T	F

65

T	R	E	Y	D	A	V	I	S
D	A	Y	V	S	I	E	R	T
S	V	I	T	E	R	A	Y	D
A	D	V	E	R	S	I	T	Y
E	I	S	A	T	Y	R	D	V
Y	T	R	I	V	D	S	A	E
V	S	A	D	I	T	Y	E	R
I	E	T	R	Y	V	D	S	A
R	Y	D	S	A	E	T	V	I

66

H	N	A	I	L	B	O	C	R
O	C	B	A	H	R	N	I	L
I	L	R	C	N	O	B	H	A
L	A	H	R	I	N	C	O	B
R	O	I	L	B	C	A	N	H
N	B	C	O	A	H	L	R	I
B	R	L	N	C	I	H	A	O
C	H	O	B	R	A	I	L	N
A	I	N	H	O	L	R	B	C

67

C	O	M	B	A	T	I	V	E
V	E	B	O	I	M	A	C	T
I	A	T	C	E	V	O	B	M
E	T	C	A	V	O	B	M	I
B	M	I	E	T	C	V	A	O
A	V	O	M	B	I	E	T	C
O	C	V	I	M	B	T	E	A
M	B	A	T	O	E	C	I	V
T	I	E	V	C	A	M	O	B

68

O	C	M	T	Y	R	S	A	U
Y	U	T	S	A	C	R	O	M
A	S	R	M	U	O	T	Y	C
R	T	Y	O	C	A	M	U	S
C	O	U	Y	M	S	A	T	R
S	M	A	R	T	U	Y	C	O
U	A	S	C	R	Y	O	M	T
M	R	C	A	O	T	U	S	Y
T	Y	O	U	S	M	C	R	A

69

F	D	E	I	T	Y	O	R	M
M	I	O	D	E	R	Y	F	T
Y	T	R	F	M	O	E	D	I
I	M	T	Y	F	D	R	E	O
D	E	F	O	R	M	I	T	Y
O	R	Y	T	I	E	D	M	F
R	Y	D	M	O	F	T	I	E
E	F	I	R	Y	T	M	O	D
T	O	M	E	D	I	F	Y	R

70

M	H	N	E	S	I	F	R	A
S	R	I	N	A	F	E	M	H
E	A	F	M	R	H	S	N	I
R	F	H	A	I	S	N	E	M
N	S	E	F	H	M	A	I	R
I	M	A	R	N	E	H	S	F
H	N	R	S	M	A	I	F	E
A	E	M	I	F	N	R	H	S
F	I	S	H	E	R	M	A	N

71

C	T	S	O	A	K	I	R	N
I	O	K	N	R	S	C	T	A
A	R	N	T	C	I	O	S	K
R	N	I	S	T	A	K	C	O
T	K	A	C	O	R	N	I	S
O	S	C	K	I	N	T	A	R
N	I	T	R	S	O	A	K	C
S	C	O	A	K	T	R	N	I
K	A	R	I	N	C	S	O	T

72

E	K	M	I	D	S	R	B	A
A	B	I	K	E	R	S	M	D
R	S	D	A	B	M	K	I	E
M	A	R	D	K	I	B	E	S
B	E	K	S	R	A	M	D	I
D	I	S	E	M	B	A	R	K
S	M	A	B	I	E	D	K	R
I	D	B	R	A	K	E	S	M
K	R	E	M	S	D	I	A	B

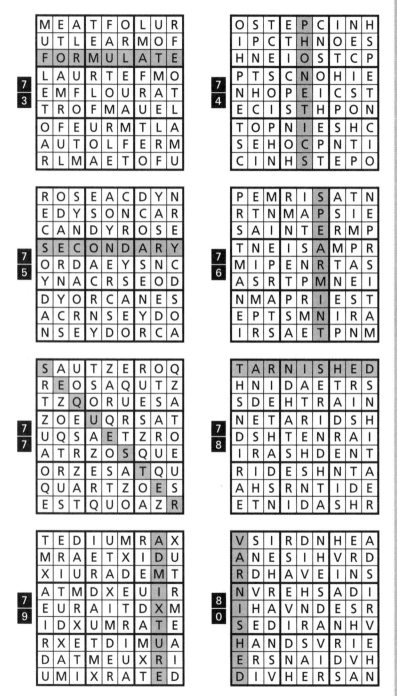

73

M	E	A	T	F	O	L	U	R
U	T	L	E	A	R	M	O	F
F	O	R	M	U	L	A	T	E
L	A	U	R	T	E	F	M	O
E	M	F	L	O	U	R	A	T
T	R	O	F	M	A	U	E	L
O	F	E	U	R	M	T	L	A
A	U	T	O	L	F	E	R	M
R	L	M	A	E	T	O	F	U

74

O	S	T	E	P	C	I	N	H
I	P	C	T	H	N	O	E	S
H	N	E	I	O	S	T	C	P
P	T	S	C	N	O	H	I	E
N	H	O	P	E	I	C	S	T
E	C	I	S	T	H	P	O	N
T	O	P	N	I	E	S	H	C
S	E	H	O	C	P	N	T	I
C	I	N	H	S	T	E	P	O

75

R	O	S	E	A	C	D	Y	N
E	D	Y	S	O	N	C	A	R
C	A	N	D	Y	R	O	S	E
S	E	C	O	N	D	A	R	Y
O	R	D	A	E	Y	S	N	C
Y	N	A	C	R	S	E	O	D
D	Y	O	R	C	A	N	E	S
A	C	R	N	S	E	Y	D	O
N	S	E	Y	D	O	R	C	A

76

P	E	M	R	I	S	A	T	N
R	T	N	M	A	P	S	I	E
S	A	I	N	T	E	R	M	P
T	N	E	I	S	A	M	P	R
M	I	P	E	N	R	T	A	S
A	S	R	T	P	M	N	E	I
N	M	A	P	R	I	E	S	T
E	P	T	S	M	N	I	R	A
I	R	S	A	E	T	P	N	M

77

S	A	U	T	Z	E	R	O	Q
R	E	O	S	A	Q	U	T	Z
T	Z	Q	O	R	U	E	S	A
Z	O	E	U	Q	R	S	A	T
U	Q	S	A	E	T	Z	R	O
A	T	R	Z	O	S	Q	U	E
O	R	Z	E	S	A	T	Q	U
Q	U	A	R	T	Z	O	E	S
E	S	T	Q	U	O	A	Z	R

78

T	A	R	N	I	S	H	E	D
H	N	I	D	A	E	T	R	S
S	D	E	H	T	R	A	I	N
N	E	T	A	R	I	D	S	H
D	S	H	T	E	N	R	A	I
I	R	A	S	H	D	E	N	T
R	I	D	E	S	H	N	T	A
A	H	S	R	N	T	I	D	E
E	T	N	I	D	A	S	H	R

79

T	E	D	I	U	M	R	A	X
M	R	A	E	T	X	I	D	U
X	I	U	R	A	D	E	M	T
A	T	M	D	X	E	U	I	R
E	U	R	A	I	T	D	X	M
I	D	X	U	M	R	A	T	E
R	X	E	T	D	I	M	U	A
D	A	T	M	E	U	X	R	I
U	M	I	X	R	A	T	E	D

80

V	S	I	R	D	N	H	E	A
A	N	E	S	I	H	V	R	D
R	D	H	A	V	E	I	N	S
N	V	R	E	H	S	A	D	I
I	H	A	V	N	D	E	S	R
S	E	D	I	R	A	N	H	V
H	A	N	D	S	V	R	I	E
E	R	S	N	A	I	D	V	H
D	I	V	H	E	R	S	A	N

81

B	I	N	D	E	W	O	R	K
R	E	W	I	O	K	B	N	D
K	O	D	B	R	N	W	I	E
I	D	B	R	K	E	N	O	W
W	N	E	O	I	B	K	D	R
O	R	K	W	N	D	E	B	I
E	B	I	N	W	R	D	K	O
N	W	O	K	D	I	R	E	B
D	K	R	E	B	O	I	W	N

82

H	E	A	T	C	D	U	S	N
T	D	N	E	S	U	C	A	H
S	U	C	N	H	A	D	T	E
E	A	D	S	U	C	N	H	T
N	H	U	D	T	E	S	C	A
C	S	T	A	N	H	E	D	U
A	C	E	H	D	N	T	U	S
U	N	S	C	A	T	H	E	D
D	T	H	U	E	S	A	N	C

83

A	L	B	T	I	R	O	N	Y
I	N	R	L	Y	O	T	B	A
Y	O	T	N	A	B	I	R	L
N	B	O	I	R	Y	A	L	T
R	A	Y	O	L	T	N	I	B
L	T	I	B	N	A	R	Y	O
O	R	L	Y	T	N	B	A	I
T	Y	A	R	B	I	L	O	N
B	I	N	A	O	L	Y	T	R

84

T	I	N	W	O	Y	M	C	A
M	A	Y	I	C	T	O	N	W
W	O	C	N	A	M	T	Y	I
I	C	O	T	Y	N	A	W	M
N	T	W	M	I	A	C	O	Y
Y	M	A	O	W	C	N	I	T
C	Y	M	A	N	W	I	T	O
O	N	T	Y	M	I	W	A	C
A	W	I	C	T	O	Y	M	N

85

B	E	N	O	G	A	Y	S	M
A	M	S	E	Y	N	B	G	O
Y	G	O	S	B	M	E	A	N
G	Y	A	M	N	B	S	O	E
E	N	B	A	O	S	G	M	Y
O	S	M	G	E	Y	A	N	B
S	O	E	Y	M	G	N	B	A
N	A	Y	B	S	O	M	E	G
M	B	G	N	A	E	O	Y	S

86

I	Z	E	U	S	N	W	G	O
U	N	O	W	I	G	E	S	Z
W	S	G	Z	E	O	N	I	U
Z	W	N	E	G	U	S	O	I
G	I	S	O	N	Z	U	W	E
O	E	U	S	W	I	Z	N	G
S	G	I	N	U	E	O	Z	W
E	O	W	G	Z	S	I	U	N
N	U	Z	I	O	W	G	E	S

87

N	B	R	U	T	A	L	I	C
A	I	L	B	C	R	T	U	N
U	T	C	L	N	I	B	R	A
C	N	A	T	L	U	I	B	R
L	U	B	R	I	C	A	N	T
T	R	I	A	B	N	U	C	L
I	C	T	N	A	B	R	L	U
B	L	U	C	R	T	N	A	I
R	A	N	I	U	L	C	T	B

88

M	G	D	R	E	O	I	A	L
L	A	I	G	M	D	R	E	O
O	E	R	A	L	I	M	G	D
G	O	L	M	D	R	E	I	A
R	D	M	I	A	E	L	O	G
A	I	E	O	G	L	D	M	R
E	R	G	D	O	M	A	L	I
I	L	O	E	R	A	G	D	M
D	M	A	L	I	G	O	R	E

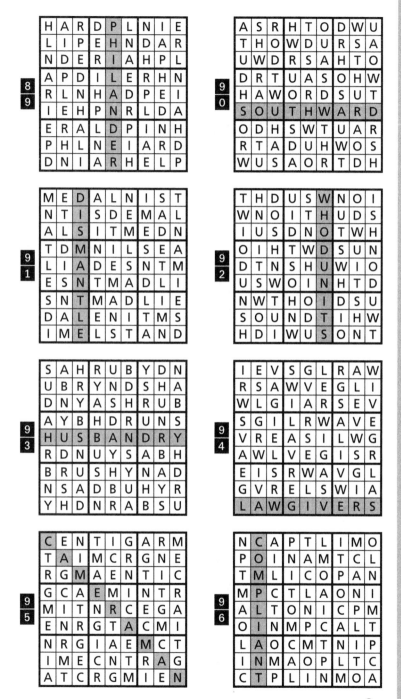

Puzzle 89

H	A	R	D	P	L	N	I	E
L	I	P	E	H	N	D	A	R
N	D	E	R	I	A	H	P	L
A	P	D	I	L	E	R	H	N
R	L	N	H	A	D	P	E	I
I	E	H	P	N	R	L	D	A
E	R	A	L	D	P	I	N	H
P	H	L	N	E	I	A	R	D
D	N	I	A	R	H	E	L	P

Puzzle 90

A	S	R	H	T	O	D	W	U
T	H	O	W	D	U	R	S	A
U	W	D	R	S	A	H	T	O
D	R	T	U	A	S	O	H	W
H	A	W	O	R	D	S	U	T
S	O	U	T	H	W	A	R	D
O	D	H	S	W	T	U	A	R
R	T	A	D	U	H	W	O	S
W	U	S	A	O	R	T	D	H

Puzzle 91

M	E	D	A	L	N	I	S	T
N	T	I	S	D	E	M	A	L
A	L	S	I	T	M	E	D	N
T	D	M	N	I	L	S	E	A
L	I	A	D	E	S	N	T	M
E	S	N	T	M	A	D	L	I
S	N	T	M	A	D	L	I	E
D	A	L	E	N	I	T	M	S
I	M	E	L	S	T	A	N	D

Puzzle 92

T	H	D	U	S	W	N	O	I
W	N	O	I	T	H	U	D	S
I	U	S	D	N	O	T	W	H
O	I	H	T	W	D	S	U	N
D	T	N	S	H	U	W	I	O
U	S	W	O	I	N	H	T	D
N	W	T	H	O	I	D	S	U
S	O	U	N	D	T	I	H	W
H	D	I	W	U	S	O	N	T

Puzzle 93

S	A	H	R	U	B	Y	D	N
U	B	R	Y	N	D	S	H	A
D	N	Y	A	S	H	R	U	B
A	Y	B	H	D	R	U	N	S
H	U	S	B	A	N	D	R	Y
R	D	N	U	Y	S	A	B	H
B	R	U	S	H	Y	N	A	D
N	S	A	D	B	U	H	Y	R
Y	H	D	N	R	A	B	S	U

Puzzle 94

I	E	V	S	G	L	R	A	W
R	S	A	W	V	E	G	L	I
W	L	G	I	A	R	S	E	V
S	G	I	L	R	W	A	V	E
V	R	E	A	S	I	L	W	G
A	W	L	V	E	G	I	S	R
E	I	S	R	W	A	V	G	L
G	V	R	E	L	S	W	I	A
L	A	W	G	I	V	E	R	S

Puzzle 95

C	E	N	T	I	G	A	R	M
T	A	I	M	C	R	G	N	E
R	G	M	A	E	N	T	I	C
G	C	A	E	M	I	N	T	R
M	I	T	N	R	C	E	G	A
E	N	R	G	T	A	C	M	I
N	R	G	I	A	E	M	C	T
I	M	E	C	N	T	R	A	G
A	T	C	R	G	M	I	E	N

Puzzle 96

N	C	A	P	T	L	I	M	O
P	O	I	N	A	M	T	C	L
T	M	L	I	C	O	P	A	N
M	P	C	T	L	A	O	N	I
A	L	T	O	N	I	C	P	M
O	I	N	M	P	C	A	L	T
L	A	O	C	M	T	N	I	P
I	N	M	A	O	P	L	T	C
C	T	P	L	I	N	M	O	A

97

```
C L E R G Y M A N
Y M A E N L R G C
N G R M C A E Y L
R A N G Y M C L E
L Y G C E R A N M
E C M L A N G R Y
A E C Y L G N M R
M N L A R E Y C G
G R Y N M C L E A
```

98

```
C H A S T O N Y P
O P S Y H N T A C
Y T N C A P O H S
A N H T S C Y P O
S Y C O P H A N T
P O T N Y A S C H
N C Y H O S P T A
H A O P N T C S Y
T S P A C Y H O N
```

99

```
U N C T I D O E S
D I S C O E N T U
E T O S U N D I C
N S U I E O C D T
T D I N S C E U O
O C E D T U S N I
S E D U C T I O N
C U N O D I T S E
I O T E N S U C D
```

100

```
E A T B F O C U S
O B F U S C A T E
U C S A T E O F B
F E O C A B U S T
S T C E U F B A O
B U A S O T E C F
A S E F B U T O C
C O U T E S F B A
T F B O C A S E U
```

101

```
D S E G R O A N I
I O R D A N S E G
N A G E I S D R O
G R A N D I O S E
S D O R G E N I A
E I N O S A R G D
A G I S N D E O R
R E S A O G I D N
O N D I E R G A S
```

102

```
G L U E D O T I N
E O I G N T D U L
D N T L U I E O G
N G E O T D I L U
U I D N G L O T E
O T L U I E G N D
L U O I E G N D T
I D G T L N U E O
T E N D O U L G I
```

103

```
B M J A S O N I R
S A I N R B J O M
O N R I J M A S B
N O S B M I R J A
I R B O A J M N S
M J A S N R O B I
J S N R B A I M O
R B O M I N S A J
A I M J O S B R N
```

104

```
M I C E R N L A U
N A E C L U R M I
R U L A I M C E N
A M U L C E N I R
I E N M U R A L C
C L R N A I E U M
L R M I E C U N A
E C I U N A M R L
U N A R M L I C E
```

105

O	B	R	A	I	N	C	L	U
L	I	A	O	C	U	B	N	R
C	N	U	R	B	L	A	I	O
I	O	B	L	R	C	U	A	N
R	C	L	N	U	A	O	B	I
A	U	N	B	O	I	L	R	C
B	L	O	U	N	R	I	C	A
N	A	C	I	L	O	R	U	B
U	R	I	C	A	B	N	O	L

106

C	M	D	R	U	N	K	E	O
E	O	U	C	D	K	M	N	R
K	R	N	M	E	O	U	D	C
M	D	E	U	K	C	O	R	N
O	K	C	E	N	R	D	M	U
U	N	R	O	M	D	C	K	E
N	E	M	D	C	U	R	O	K
R	C	K	N	O	M	E	U	D
D	U	O	K	R	E	N	C	M

107

I	M	A	H	U	R	T	L	P
H	U	T	L	I	P	R	A	M
L	R	P	T	M	A	I	H	U
T	H	M	R	P	L	U	I	A
R	P	L	U	A	I	M	T	H
A	I	U	M	H	T	P	R	L
U	A	R	I	L	M	H	P	T
M	L	I	P	T	H	A	U	R
P	T	H	A	R	U	L	M	I

108

Z	A	D	O	G	T	I	M	E
E	I	T	A	M	Z	D	O	G
M	O	G	I	E	D	Z	T	A
A	G	E	Z	I	O	M	D	T
O	T	Z	D	A	M	E	G	I
D	M	I	E	T	G	O	A	Z
T	D	A	M	Z	E	G	I	O
G	Z	O	T	D	I	A	E	M
I	E	M	G	O	A	T	Z	D

109

C	L	E	R	K	S	H	I	P
I	R	P	C	H	L	E	S	K
K	S	H	E	I	P	C	L	R
P	I	R	S	C	K	L	H	E
L	C	S	H	R	E	K	P	I
H	E	K	P	L	I	R	C	S
R	K	C	I	P	H	S	E	L
E	P	L	K	S	C	I	R	H
S	H	I	L	E	R	P	K	C

110

G	A	R	D	C	E	S	I	H
E	H	S	I	R	G	C	D	A
I	D	C	S	H	A	R	E	G
H	S	I	C	E	D	G	A	R
R	C	A	H	G	I	E	S	D
D	E	G	A	S	R	H	C	I
C	G	D	R	I	S	A	H	E
S	I	E	G	A	H	D	R	C
A	R	H	E	D	C	I	G	S

111

S	C	A	T	U	W	R	E	K
K	T	U	R	A	E	C	S	W
W	E	R	K	S	C	T	A	U
C	K	T	U	R	S	E	W	A
E	R	W	A	C	K	S	U	T
U	A	S	E	W	T	K	C	R
A	W	E	S	T	R	U	K	C
T	U	K	C	E	A	W	R	S
R	S	C	W	K	U	A	T	E

112

B	A	W	I	N	D	T	R	S
S	T	N	A	B	R	W	D	I
R	I	D	W	S	T	B	A	N
D	S	A	N	R	W	I	B	T
W	R	I	S	T	B	A	N	D
N	B	T	D	I	A	R	S	W
I	W	R	B	D	N	S	T	A
A	N	B	T	W	S	D	I	R
T	D	S	R	A	I	N	W	B

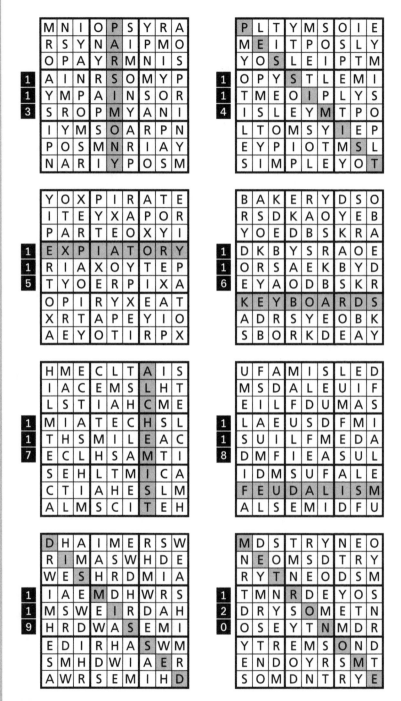

10

M	N	I	O	P	S	Y	R	A
R	S	Y	N	A	I	P	M	O
O	P	A	Y	R	M	N	I	S
A	I	N	R	S	O	M	Y	P
Y	M	P	A	I	N	S	O	R
S	R	O	P	M	Y	A	N	I
I	Y	M	S	O	A	R	P	N
P	O	S	M	N	R	I	A	Y
N	A	R	I	Y	P	O	S	M

11 / 13

14

P	L	T	Y	M	S	O	I	E
M	E	I	T	P	O	S	L	Y
Y	O	S	L	E	I	P	T	M
O	P	Y	S	T	L	E	M	I
T	M	E	O	I	P	L	Y	S
I	S	L	E	Y	M	T	P	O
L	T	O	M	S	Y	I	E	P
E	Y	P	I	O	T	M	S	L
S	I	M	P	L	E	Y	O	T

11 / 15

Y	O	X	P	I	R	A	T	E
I	T	E	Y	X	A	P	O	R
P	A	R	T	E	O	X	Y	I
E	X	P	I	A	T	O	R	Y
R	I	A	X	O	Y	T	E	P
T	Y	O	E	R	P	I	X	A
O	P	I	R	Y	X	E	A	T
X	R	T	A	P	E	Y	I	O
A	E	Y	O	T	I	R	P	X

11 / 16

B	A	K	E	R	Y	D	S	O
R	S	D	K	A	O	Y	E	B
Y	O	E	D	B	S	K	R	A
D	K	B	Y	S	R	A	O	E
O	R	S	A	E	K	B	Y	D
E	Y	A	O	D	B	S	K	R
K	E	Y	B	O	A	R	D	S
A	D	R	S	Y	E	O	B	K
S	B	O	R	K	D	E	A	Y

11 / 17

H	M	E	C	L	T	A	I	S
I	A	C	E	M	S	L	H	T
L	S	T	I	A	H	C	M	E
M	I	A	T	E	C	H	S	L
T	H	S	M	I	L	E	A	C
E	C	L	H	S	A	M	T	I
S	E	H	L	T	M	I	C	A
C	T	I	A	H	E	S	L	M
A	L	M	S	C	I	T	E	H

11 / 18

U	F	A	M	I	S	L	E	D
M	S	D	A	L	E	U	I	F
E	I	L	F	D	U	M	A	S
L	A	E	U	S	D	F	M	I
S	U	I	L	F	M	E	D	A
D	M	F	I	E	A	S	U	L
I	D	M	S	U	F	A	L	E
F	E	U	D	A	L	I	S	M
A	L	S	E	M	I	D	F	U

11 / 19

D	H	A	I	M	E	R	S	W
R	I	M	A	S	W	H	D	E
W	E	S	H	R	D	M	I	A
I	A	E	M	D	H	W	R	S
M	S	W	E	I	R	D	A	H
H	R	D	W	A	S	E	M	I
E	D	I	R	H	A	S	W	M
S	M	H	D	W	I	A	E	R
A	W	R	S	E	M	I	H	D

12 / 20

M	D	S	T	R	Y	N	E	O
N	E	O	M	S	D	T	R	Y
R	Y	T	N	E	O	D	S	M
T	M	N	R	D	E	Y	O	S
D	R	Y	S	O	M	E	T	N
O	S	E	Y	T	N	M	D	R
Y	T	R	E	M	S	O	N	D
E	N	D	O	Y	R	S	M	T
S	O	M	D	N	T	R	Y	E

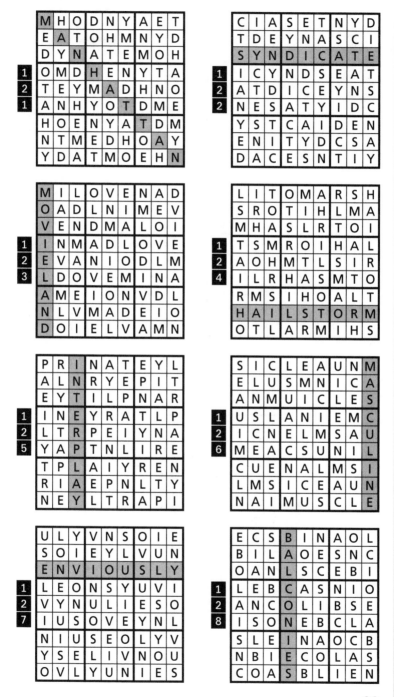

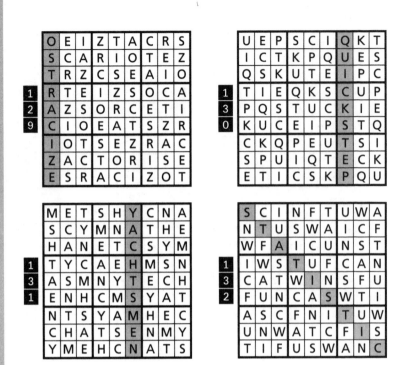

Puzzle 129:

```
O E I Z T A C R S
S C A R I O T E Z
T R Z C S E A I O
R T E I Z S O C A
A Z S O R C E T I
C I O E A T S Z R
I O T S E Z R A C
Z A C T O R I S E
E S R A C I Z O T
```

Puzzle 130:

```
U E P S C I Q K T
I C T K P Q U E S
Q S K U T E I P C
T I E Q K S C U P
P Q S T U C K I E
K U C E I P S T Q
C K Q P E U T S I
S P U I Q T E C K
E T I C S K P Q U
```

Puzzle 131:

```
M E T S H Y C N A
S C Y M N A T H E
H A N E T C S Y M
T Y C A E H M S N
A S M N Y T E C H
E N H C M S Y A T
N T S Y A M H E C
C H A T S E N M Y
Y M E H C N A T S
```

Puzzle 132:

```
S C I N F T U W A
N T U S W A I C F
W F A I C U N S T
I W S T U F C A N
C A T W I N S F U
F U N C A S W T I
A S C F N I T U W
U N W A T C F I S
T I F U S W A N C
```

Puzzle 133:

```
I H A M U W R O N G E S
S O E G H N A I W U M R
W U N R E M G S H I A O
H S U A R E O G I W N M
G E M I N U S W R H O A
R W O N A I M H U S G E
E A I S M G U N O R W H
N R G H S O W A M E I U
O M W U I H E R G A S N
A I R O W S H M E N U G
M N H E G A I U S O R W
U G S W O R N E A M H I
```

94

Grid 1 (1 3 4):

```
U I D E A S B O X M R T
M X O A U D T R B S I E
B T S R E I M X A D O U
X D A O S B I E T U M R
R B T U M O A D I E S X
S E I M X T R U O B A D
T U E S R A O M D X B I
A M B I D E X T R O U S
D O R X I U S B M T E A
O S M D T R E A U I X B
E A X T B M U I S R D O
I R U B O X D S E A T M
```

Grid 2 (1 3 5):

```
E P R S F A V N L U Y T
F N Y L U E S T P A R V
V U T A P R L Y E S F N
N E P R S V F A U L T Y
T F V Y E L N U R P A S
A S L U Y P T R F V N E
L V N P A F R S T Y E U
R Y U T L N P E V F S A
S A F E T Y U V N R L P
U L S N R T A P Y E V F
P R E V N S Y F A T U L
Y T A F V U E L S N P R
```

D	E	S	K	L	C	H	A	I	R	T	N
I	H	R	L	T	K	N	E	C	A	D	S
N	C	A	T	D	S	R	I	E	K	L	H
S	T	I	C	K	H	A	N	D	L	E	R
E	K	D	N	R	T	I	L	H	S	C	A
A	L	H	R	S	D	E	C	K	T	N	I
H	A	N	I	E	R	L	S	T	C	K	D
T	S	L	D	A	N	C	K	R	I	H	E
C	R	K	E	H	I	T	D	A	N	S	L
L	I	T	A	C	E	S	H	N	D	R	K
R	D	E	S	N	A	K	T	L	H	I	C
K	N	C	H	I	L	D	R	S	E	A	T

1 / 3 / 6

R	F	N	W	I	O	L	D	E	H	A	T
T	H	I	L	E	R	N	A	O	F	D	W
E	D	O	A	H	T	W	F	N	I	R	L
F	T	L	D	A	W	H	I	R	O	N	E
A	W	H	R	O	N	F	E	T	L	I	D
O	I	E	N	L	D	R	T	W	A	F	H
N	L	F	I	D	H	E	O	A	W	T	R
W	R	D	O	T	L	A	N	F	E	H	I
H	E	A	T	R	F	I	W	D	N	L	O
D	A	T	E	N	I	O	H	L	R	W	F
I	N	R	F	W	E	D	L	H	T	O	A
L	O	W	H	F	A	T	R	I	D	E	N

1 / 3 / 7